DESARROLLO TRILATERAL

Cómo puedes saber
la calidad y dimensión
de tu liderazgo

Juan G. Ruelas

ISBN 978-0-9825883-1-4

Contenido

COMENTARIOS

Buscando siempre la manera de guiarnos hacia el camino del éxito, en este escrito Juan G. Ruelas toca puntos realmente importantes que nos permitirán evaluarnos personalmente y ver qué ajustes hay que hacer para mantener nuestro desarrollo hacia la excelencia. Esta es una lectura realmente obligada para el líder; una vez leída, estudiada, comprendida y aplicada, los resultados que buscamos realmente se pueden acelerar.

Gerardo y Graciela Suárez

<u>Desarrollo Trilateral</u> es un libro fácil de leer y entender. Contiene una fórmula fácil y sencilla para autoevaluarnos en tres etapas importantes de nuestra vida y los negocios. CARÁCTER: demuestra lo que somos; QUEHACER: demuestra lo que hacemos; y RELACIONES: demuestra la calidad y dimensión de nuestras relaciones. Con este libro Juan y Alicia una vez más dieron un gran salto hacia adelante. ¡Felicidades!

Gerardo y Martha Gerwert

Este libro te ayuda a desarrollar en tres áreas importantes de tu vida. Además aprendes cómo hacerte una auto evaluación a ti mismo en tu carácter, quehacer, y en tus relaciones. El autor, Juan G. Ruelas, convierte lo difícil en sencillo y te presenta una guía de cómo lo hagas tú.

Sergio y Martha Aguilera

Este libro es la base de tu verdadero liderazgo. Te va a agradar. Va a provocar un impacto en tu vida. Sin duda alguna, Juan G. Ruelas vive de acuerdo a estos principios de desarrollo personal. Paso a paso te sentirás motivado y te enfocarás en las áreas que tienes que mejorar para tener un negocio sólido y firme según tu crecimiento en relación a tu carácter, quehacer, y relación. Con toda firmeza te recomendamos este libro.

Miguel y Francis Acevedo

El libro <u>Desarrollo Trilateral</u> es una herramienta que se puede usar para hacernos un auto análisis e identificar en qué áreas necesitamos crecer como personas. A la vez, sirve para medir que tan efectivos somos aplicando ese crecimiento personal. El desarrollo personal no es opcional para alguien que quiere ser un buen líder en el negocio, pues tu nivel de éxito va a depender de tu voluntad de crecer y poner en práctica la información que Juan G. Ruelas nos presenta en este libro.

José Guadalupe y Flor Jasso

Como primer punto queremos exponer algo muy personal, respecto a este libro. Desarrollo Trilateral toma el tema del crecimiento personal como lo más grande y significativo para poder hacer o desarrollar algo grande en la vida. Este libro es como un manual que nos provee la manera de uno mismo poder darse cuenta en qué nivel de crecimiento personal se encuentra. Basado en el auto análisis y midiéndonos a través de las gráficas, expuesta de una manera tan sencilla, Juan G. Ruelas nos da una receta de tres ingredientes para lograr nuestro éxito y balancear nuestro liderazgo: CARÁCTER, QUEHACER, y RELACIONES. Gracias Juan y que Dios te bendiga.

Leobardo y Selene Ramírez

Desarrollo Trilateral nos concientiza a darnos cuenta que el líder no nace sino que a través de un proceso de guianza el líder se desarrolla a conciencia de él mismo, aceptando que su crecimiento como tal, dependerá de los hábitos con los que él se maneje a sus deberes convenidos y a sus relaciones. El crecimiento del individuo se puede decir que no se termina, sino que el individuo mismo determina cuando deja de crecer. Hay ejemplos de grandes líderes, personas con éxito, que lograron escribir sus nombres en la historia que nos exhortan a mantenernos como ellos en constate crecimiento sin desfallecer.

Juan Antonio y Dora Cruz

A través de este libro nuestro amigo Juan G. Ruelas nos comparte cómo hacernos una auto evaluación, siguiendo un gran modelo de liderazgo. Te invitamos a leer este libro, y que miremos en nuestro interior la importancia de crecer a través de estos tres puntos de liderazgo.

Eliseo y Maricela Ruiz

Presentación

Desarrollo **Trilateral** pretende ser un ensayo que nos pueda servir como un método sencillo de autoanálisis. Mide la efectividad de nuestros resultados mientras avanzamos hacia cualquier meta. Trataremos pues, que cada quien, cada líder o cada persona, se atreva a echarse una mirada a sí mismo, para que por sí mismos se hagan una autocrítica; identificando y reconociendo conscientemente sus potencialidades y limitaciones en sus quehaceres como dirigentes y líderes de cualquier actividad.

Muy sencillo, imaginémonos la posibilidad de vernos cada quien, en un espejo trilateral, tres perfiles de nuestras propias prácticas. Indiscutiblemente que al valorarnos serenamente podríamos detectar cómo mejorar nuestras prácticas con el fin de enfocar nuestros esfuerzos y dirigirnos con mayor certeza a los objetivos y las metas que nos hayamos trazado. Sin embargo, quien se atreva a mirarse en tal espejo, y realizarse un autoexamen, primero deberá renunciar a la soberbia, al egocentrismo y la vanidad que nos hacen suponer autosuficientes. Y sólo así, apartándonos de estos modos, podremos ver con claridad la justa medida hasta donde hemos logrado desarrollar nuestras habilidades y al mismo tiempo, descubrir en qué tramos del camino falta trabajar más para desenvolver y multiplicar los resultados como líder, iniciándose por los senderos de la superación personal.

"No sé de un hecho más alentador que la habilidad indiscutible de un hombre para elevar su vida por un consciente esfuerzo." Esto lo escribió Henry David Thoreau. Y Hugo

Grotius, quien era un abogado holandés, escritor, teólogo y hombre de estado a finales del siglo XVI y a principios del siglo XVII; (el presidente James Madison lo llamó "El padre del código moderno de las naciones.") En temas de gobierno, Grotius fermentó la idea de liderazgo hacia el nivel del individuo. Y dijo: "El que no sabe cómo gobernar un reino, no puede dirigir una provincia. Y si no puede manejar una provincia, no puede dirigir una aldea. Y si no sabe ordenar una aldea, no sabe como regular una villa. Y si ni siquiera puede dirigir una villa, no puede guiar una familia. Y si no puede ese hombre gobernar bien una familia, no sabe cómo gobernarse a él mismo."

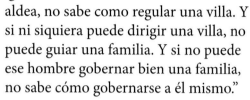

No sé de un hecho más alentador que la habilidad indiscutible de un hombre para elevar su vida por un consciente esfuerzo.

Henry David Thoreau

Y es aquí, donde puede valer este escrito como autocrítica, como un instrumento que puede servir a cada quien para autogobernarse a sí mismo. Los autores Mark Beliles y Stephen McDowell lo simplificaron aun más. "Tú tienes que gobernarte a ti mismo antes de que gobiernes a otros." Muy seguido en nuestro mundo vemos individuos tratando de influenciar a otros, cuando ellos muy apenas pueden dirigirse a sí mismos. Rich DeVos dijo: "Antes de que trates de cambiar al mundo, limpia primero tu propio cuarto." Y si estamos dispuestos a aceptar la sabiduría de estos pensamientos, para alcanzar a ser un verdadero líder, uno tiene que practicar la autoevaluación sistemática como un método para la superación propia y en beneficio de quienes suponemos liderar, lo cual se puede lograr a través de un programa de crecimiento personal intencionado.

Philip Crosby, autor de "Quality is Free" (La calidad es gratis), dijo: "Hay una teoría del comportamiento humano que dice, que la gente, subconscientemente retrasa su propio crecimiento intelectual." Ellos tienden a desarrollar hábitos que alcanzan la etapa de su propia comodidad, lo cual provoca que la gente deje de aprender, y su mente quede inactiva por el resto de sus días. La gente puede progresar organizadamente si desea algo en la vida, lamentablemente basan lo que quieren lograr en lo que saben ahora, en vez de basarlo en habilidades nuevas que pueden aprender a desarrollar. Si algo quieres de la vida y no lo tienes, no lo bases en lo que ya sabes, básalo en las habilidades nuevas que vas a aprender.

Muchos dejan de aprender. Lo fanático, lo cerrado de mente, lo terco y lo perpetuo pesimista les evita aprender. Por lo tanto, si va a luchar por sus metas o sueños, no debe de caer en las trampas del fanatismo o la terquedad de que lo sabe todo, porque el crecimiento personal de usted no puede ser opcional. Y la única manera de mantener el paso con responsabilidades en aumento, es a través de un incremento constante de habilidades personales provocado e intencionado que desde luego influyan en sus liderados. El crecimiento, entonces, debe de ocurrir en dos categorías: personal y la influencia en otros.

> **Antes de que trates de cambiar al mundo, limpia primero tu propio cuarto.**
>
> Rich DeVos

Este pequeño escrito se enfoca en la primera de éstas, pues entendemos que el crecimiento personal de un individuo es la base de un líder para influenciar.

Este escrito, se encara principalmente a medir el desarrollo de su liderazgo, proponiendo relanzarlo desde el conocimiento que posee hasta nuevas habilidades que pueda desarrollar. Porque el crecimiento personal de un individuo, sólo puede darse si éste conoce, y se da cuenta lo que le falta por crecer, y descubrir los detonantes básicos para influir enseñando a los demás.

De tal modo, la persona está consciente, que el crecimiento

personal debe asumirlo como un estilo de vida, como su destino natural de ser una persona útil a sus semejantes, y por lo mismo, no puede detenerse ni atrancarse. Siempre, cuando un individuo se embarca en una jornada de llegar a ser líder, de llegar de un punto a otro, se siente frustrado por la falta de resultados externos para mostrar a otros. Tener los resultados que quieres o lograr tus metas, es el proceso de llegar a ser un líder.

El proceso empieza con esfuerzos de iniciativa propia, lo cual resulta en mejoras internas, que afuera, el mundo no puede ver todavía. Las ganancias son internas, dentro de la persona. Todo el esfuerzo interno radica en la iniciativa propia del crecimiento personal, y lograr cada día mejorar en nuestro interior. Así, eventualmente se reflejarán en el exterior los resultados. Stephen Covey dijo, "Las victorias internas anteceden a las victorias externas."

> **Las victorias internas anteceden a las victorias externas.**
> Stephen Covey

Por ejemplo, un inversionista decide realizar la construcción de un edificio de cien plantas, estando consciente que sucesiva y alternativamente se requiere tiempo. Tiempo para diseñar gráficamente los proyectos de las obras. Luego, el tiempo para perfilar los sistemas de drenaje, agua potable, electricidad y climatización. Seguirá el tiempo para juntarse con los oficiales del gobierno y conseguir los permisos, etcétera, etcétera. Luego, los tiempos para ejecutar una inmensa cantidad de esfuerzos en escarbar y fundar los cimientos, y todo esto, se lleva a cabo antes de que los resultados sean visibles por el inversionista y la gente que pasa por ahí. En seguida, cuando la construcción despega del piso, sorprendentemente la altura de la estructura progresa a una velocidad increíble. Y lo que hace poco tiempo fue una vez un lote baldío, es de repente transformado en una enorme estructura de cien plantas de altura. Pero el inversionista siempre tuvo el cuidado de sus inversiones de tiempo y de los perfiles de la edificación.

Metafóricamente resulta muy cierto, que la habilidad personal y las características de liderazgo funcionan de la misma manera. Debido a que el crecimiento personal es interno, y los resultados externos solamente se pueden ver tiempo después. Apoyándonos en esta idea, hemos considerado de gran ayuda ofrecerles a ustedes una forma de autoevaluar su efectividad, y llevar la cuenta de su progreso. Y para darle un soporte y ejemplo de referencia, elaboramos este escrito llamándolo **Desarrollo Trilateral**, el cual le ayudará a medir sus resultados.

1

Desarrollo Trilateral

Primero veamos el ¿Por qué? del calificativo "Trilateral". Y lo haremos, sólo para identificar gráficamente, tres lados muy importantes de las habilidades de un individuo:

Carácter

Quehacer

Relaciones

Para luego ubicar estos tres perfiles en una escala básica horizontal de tres pasos, y desde ahí elevarlos hacia otra escala ascendente y vertical del 0 al 10. De esta forma, estaremos creando una herramienta propia y muy personalizada, o un retrato trilateral para autocriticarnos gráficamente, cada quien, en privado, y desde luego, poder medir los avances y efectividad de nuestro propio liderazgo.

Desarrollo Trilateral

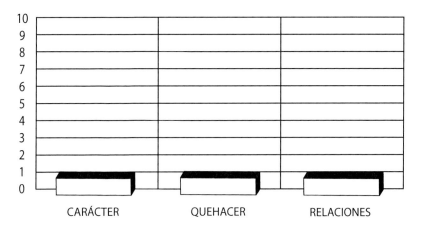

Realidad de Liderazgo

La base horizontal de la gráfica sirve para ubicar los tres lados (perfiles) principales de un líder:

Carácter
Quehacer
Relaciones

En la escala vertical izquierda de esta gráfica, arranca desde los tres lados básicos del líder, de abajo hacia arriba, donde se podrá medir la cuenta de la realidad del líder: desde un 0 siendo lo peor hasta un 10 siendo lo mejor.

En los siguientes capítulos definiremos lo que quiere decir "Carácter", "Quehacer", y "Relación".

Y por supuesto, también daremos algunos ejemplos, que al autoanalizarlos, tendrá el conocimiento real y objetivo para autocalificarse en estos tres perfiles, que desde luego le ayudará a orientarse cuánto tendrá que crecer, en cada una de estas tres cualidades.

2

Tres Cualidades de Efectividad Personal

CARÁCTER

Por carácter se entiende el modo o manera de ser de una persona. Es decir es la condición que caracteriza a una persona frente a los demás. Por ejemplo: una persona de carácter (forma de ser) tímido, otra de carácter honesto, otra de carácter agresivo o prepotente, etcétera. En el caso de un líder, es indispensable que éste entienda que su forma de ser o manera de comportarse (su carácter) impacta a su organización.

Es decir, si su modo de ser es envidioso, deshonesto o agresivo, su impacto ante los demás va a ser negativo. Este escrito de Desarrollo Trilateral calcula el crecimiento personal entendiendo que por "Carácter" se entiende lo siguiente:

1.- Honestidad
2.- Integridad
3.- Formalidad
4.- Dignidad
5.- Fidelidad
6.- Paciencia
7.- Disciplina
8.- Confianza en sí mismo
9.- Perseverancia
10.- Perfeccionamiento
11.- Imaginación
12.- Fe
13.- Humildad
14.- Autodominio
15.- Iniciativa propia de aprender
16.- Iniciativa propia de hacer
17.- Organizar
18.- Puntualidad

Es fundamental que una persona, al decidir mejorar o cambiar su carácter (su modo de ser), entienda que hay una variedad de maneras de ser, las cuales deberá atender serenamente, y sin los resultados externos, porque esos vendrán tiempo después.

Uno debe de razonar y aceptar que en lo que uno se convierte es más importante que lo que uno logra. Y con esta condición, estaremos fundando en nuestro carácter, los cimientos más resistentes del edificio estructural del liderazgo. Por eso, es tan importante calcular la calidad y el crecimiento propio de nuestro carácter (modo de ser), el cual podemos nutrir, armar, forjar y templar.

Todo aquel que se supone líder y le escasee honestidad, integridad, formalidad, dignidad, fidelidad, paciencia, autocontrol, confianza en sí mismo, perseverancia, etcétera (todo lo relacionado al carácter); tendrá que ponerse a trabajar para adquirir todo esto, y el líder que suponga que ya tiene todo esto, si no los quiere perder, tendrá que estar cultivándolos.

1.- Honestidad

Hablemos un poco de la honestidad en relación al negocio que estamos construyendo. ¿Cuál es el grado de decencia que sientes en cuanto al dinero? ¿Prácticas honestidad? ¿Te quedas con lo que no es tuyo?

¿Mientes para tomar ventaja? ¿Cómo te percibe la gente en relación a tu decencia? ¿Inspiras confianza o eres ventajoso? Cuándo las personas te pagan su orden fija de audios, ¿Te gastas el dinero o se las ordenas? Estas son preguntas para una autoevaluación.

En nuestra organización destacan individuos característicamente honestos. Por ejemplo, Juan Antonio y Dora Cruz por mencionar algunos. Desde el comienzo de su negocio hemos mirado en ellos la transparencia en el manejo del dinero. No se quedan con lo que no es de ellos. Son confiables y honestos. Ellos son parte del éxito de Equipovisión. Gracias a la honestidad de líderes como ellos, Equipovisión goza de un constante crecimiento.

2.- Integridad

La integridad de una persona consiste en su grado de entereza, es decir, en su carácter de firmeza y fortaleza para ser siempre congruente a sus valores morales. Este grado de carácter lo podrá medir el líder con el método trilateral, preguntándose si es totalmente íntegro con lo que dice y lo que hace.

> La integridad de una persona consiste en su grado de entereza.

3.- Formalidad

Ejemplo de formalidad es Fernando y Maribela Plascencia. El valor de la formalidad quiere decir: exactitud, puntualidad y seriedad. En el líder, es un requisito indispensable que debe caracterizarlo y hacerlo sentir por su formalidad. O de lo contrario, nunca llegará a tener éxito, porque ¿imagínense a un líder que pretenda guiar a su gente con mentiras, imprecisiones, impuntualidades e insensatez? Por lo tanto, mediante la técnica que se ofrece en este escrito, el líder podrá medirse para ver como anda en su carácter, claridad en sus precisiones cuando habla, en su puntualidad y regularidad cuando se entrevista o reúne con otras personas, así como la sensatez y la cordura que ilustra hacia todas las personas.

> El valor de la formalidad quiere decir: exactitud, puntualidad y seriedad.

4.- Dignidad

¿Dignidad? En la cuestión del valor de la dignidad, es muy importante que el líder entienda muy bien que la dignidad hay que merecerla, ganársela y aun así, la dignidad nunca será de su propiedad exclusiva. Pero, ¿cómo es que alguien puede merecer o ganarse ser digno para ostentarse con dignidad? Sencillamente respetando a todas las personas, tratándolas con dignidad y sin el menor gesto de discriminación.

El buen líder, siempre tendrá que estar atento a sus principios de dignidad, midiéndolos y vigilándolos contínuamente, hasta que públicamente lo reconozcan orgullosamente como digno compañero y socio, porque cualquier indignidad podrá afectar a sus amigos, a sus socios y a su empresa. No obstante, la dignidad sólo se puede preservar y defender con la misma dignidad, porque el individuo podrá perderlo todo, menos su carácter de dignidad como persona.

5.- Fidelidad

Para que un líder merezca credibilidad, tiene que predicar siendo él mismo un modelo de fidelidad con quien haya establecido un compromiso o con la empresa que represente. Y la fidelidad significa: el cumplimiento inalterable de la lealtad, mostrando en todo momento un compromiso con su cónyuge o su empresa. Porque, ¿quién podrá creerle a un líder que le es infiel a su pareja? O a un comerciante que vende cierta marca de un producto, pero alguien lo ve adquiriendo productos de la competencia. Desde luego que esas personas pierden la confianza que en ellos fue depositada, y el rompimiento se verá venir si la fidelidad no se restablece oportunamente.

Con estos razonamientos, será fácil advertir que un matrimonio respaldado con el compromiso de la fidelidad, será un matrimonio estable, próspero y exitoso. Lo mismo que en un negocio cuyo dueño es fiel al vérsele consumiendo lo que ofrece en venta. Este dueño de negocio, al consumir lo que vende, se sentirá que camina hacia el progreso con destino seguro hasta alcanzar el éxito.

El líder, como el maestro, para que le crean sus enseñanzas, tiene que enseñar con el ejemplo.

En este tema de la fidelidad, Desarrollo Trilateral desea brindarles una encomienda: <El líder, como el maestro, para que le crean sus enseñanzas, tiene que enseñar con el ejemplo>.

En Equipovisión les podemos compartir como un prototipo que brilla en su carácter de fidelidad, nuestros socios Miguel y Francis Acevedo. Ellos cumplen con sus compromisos. Consumen sus productos. Son confiables y no hay que andar tras de ellos para que consuman sus productos o se estén capacitando. Desde sus inicios Miguel y Francis Acevedo, a pesar de los obstáculos que se les presentaron, se mantuvieron leales a la línea de auspicio. Han llegado otros negocios de multinivel a sus puertas y se mantienen firmes y leales a sus productos, no son de doble sentimiento, son firmes y fieles a su organización.

6.- Paciencia

La paciencia es un don, una gracia, un obsequio, un talento y hasta una habilidad. Por lo tanto, cuando un líder tiene el don y la gracia de la paciencia, este líder dispondrá de una de las herramientas inconmensurables que se requieren para el éxito en todos los asuntos y negocios.

Ante tal expectativa, cuando nos autovaloremos en nuestro carácter, indispensablemente tendremos que analizar ¿de qué tanta paciencia disponemos? Para luego calificarnos y desde luego, si tenemos suficiente paciencia buscar y encontrar como mantenerla. Y si tenemos poca paciencia, primero habrá que buscar la paz con todo mundo y luego encontrar la paz interna con nosotros mismos. Por nuestra parte, Desarrollo Trilateral les regala una metáfora y enseñanza colimense:

"La paciencia es un árbol de raíces amargas, pero lleno de esperanzas y de frutos dulces."

7.- Disciplina

La disciplina no la traemos de nacimiento ni está de venta en ninguna tienda. La disciplina es un valor que se adquiere aprendiéndola. Esto quiere decir, que para poder aprender disciplina, hay que ser primero un discípulo de alguien que nos enseñe la disciplina.

> La disciplina no la traemos de nacimiento ni está de venta en ninguna tienda.

Obviamente, nuestros mentores, primero fueron nuestros padres, y sucesivamente luego fueron nuestros maestros escolares, quienes lucharon para caracterizarnos como individuos disciplinados. Y cuando ya llegamos a la mayoría de edad disciplinados a la observancia digna y civilizada de un conjunto de leyes, normas y regulaciones dentro de la convivencia familiar y social, entonces ya estamos aptos para adquirir responsabilidades en nuestro propio negocio.

Cualquier empresa mercantil pública o privada, y hasta en organizaciones oficiales de gobierno, donde antes tendremos que aceptar de nuevo ser discípulos, atentos y nada distraídos para poder aprender y aceptar las normas de disciplina en cada negocio, y cada organización; porque ellos tienen sus propias normas y costumbres, las cuales hay que asumir y cumplir incuestionablemente. Solamente así es como los seres humanos podemos disfrutar el valor de la disciplina, para llegar a ser un buen líder.

> **El indisciplinado jamás será buen líder.**

El indisciplinado, jamás será buen líder, porque nunca es bueno el que hace lo que le da la gana, sino aquel que valora lo que le corresponde hacer. Equipovisión goza de un verdadero ejemplo de disciplina, como lo es nuestro socio y amigo José Guadalupe y Flor Jasso. Ellos son puntuales. Cuando andan en las trincheras construyendo el negocio tienen la disciplina de rotar el círculo (Lista, Contacto, Plan, Seguimiento).

Además, tienen la disciplina de leer y de cultivarse. José Guadalupe y Flor Jasso son un verdadero ejemplo de la buena disciplina que tienen en relación a su negocio. Ambos fueron graduados de la Universidad Estatal de California en Fresno. José Guadalupe con una Maestría en Negocios y Flor con una Licenciatura en Enfermería. Ellos toman este negocio como una profesión. Estudian el sistema de capacitación. Saben la función de los libros en cada uno de los niveles de liderazgo (Aprender, Hacer, Orquestar). Tienen la disciplina de ser puntuales en sus citas. Tienen el buen hábito de rotar el círculo y de cultivarse con el fin de ofrecer buen liderazgo a sus grupos. Líderes como ellos añaden valor a Equipovisión.

8.- Confianza en sí mismo
El confiar es un sentimiento, el cual debe expresarse con

un pleno conocimiento de la realidad, sin apostarle a los fenómenos de la suerte. El buen líder, siempre tendrá que demostrar un carácter de confianza y seguridad en su liderazgo, para que sus seguidores igualmente confíen en él.

De otra suerte, figúrense a un líder desconfiado e inseguro, temeroso de la realidad, y sin ofrecer ningún conocimiento estratégico para construir este negocio. Ese líder sólo podrá guiarlos por los caminos del miedo y de la desconfianza. Con este método de Desarrollo Trilateral los líderes podrán medir, que tan seguros están de sí mismos, para saber que tanta confianza y seguridad provocan en sus seguidores.

9.- Perseverancia

La perseverancia, es el don de la firmeza en la continuidad de lo que se comienza estando convencido de que está en el camino correcto y si no persevera, nunca llegará a las metas que soñó alcanzar.

> La perseverancia es el don de la firmeza en la continuidad de lo que se comienza.

Por ejemplo: <un mesero de un restaurante, que su empresa le pagaba según las atenciones y ventas que realizara, descubrió que con ese sistema podría llegar a ser el gerente del negocio, pero fue cautivado por el inmediato ingreso de las propinas, y de pronto se olvidó de la posibilidad de ascender a gerente, y desde luego desatendió a los clientes que no le daban propina. Lógicamente, dejó de perseverar dando seguimiento a los propósitos de atenciones a todos los clientes y de inmediato bajaron sus ventas, el resultado fue amargo>.

Y así como les hemos presentado algunos buenos ejemplos, también tenemos que admitir que en este negocio, hay quienes afilian a nuevos socios, pero luego se olvidan de ellos y no les dan seguimiento, ni perseveran con las mismas atenciones y cuidados como al principio de su afiliación. La encomienda es que el líder tiene que valerse de un carácter perseverante, para que él mismo pueda afirmar que el líder que persevera, alcanzará su propio éxito.

10.- Perfeccionamiento

El perfeccionamiento es el arte de mejorar nuestra forma de ser, para tratar de alcanzar lo mejor de nuestras habilidades y destrezas. Dicho de otra manera, el perfeccionamiento es la práctica continua de corregir alguna representación comercial o una forma de trabajar, y hasta de pulir y refinar nuestro estilo de vida.

> **El perfeccionamiento es el arte de mejorar nuestra forma de ser, para tratar de alcanzar lo mejor de nuestras habilidades.**

El líder que desea alcanzar el éxito, tendrá que hacerse a la idea de practicar continuamente algunos ejercicios que le ayuden a ir perfeccionando su carácter, sus pericias, o habilidades. Este método "Trilateral" podrá igualmente usarse para ir midiendo el grado de perfeccionamiento que tenemos e ir viendo los invences que logremos.

11.- Imaginación

La imaginación es la soberanía de pensar con claridad interna. Es de propiedad particular de cada individuo para descubrir las cosas. Además, la facultad de poder imaginar es innata en los seres humanos. Más claro, la traemos de nacimiento para servir y servirnos de esa irradiación.

Pero consiste en que la imaginación de cada quien, para que sea buena, tiene que ser objetiva, honesta y constructiva. Dicho de otra forma, a cada quien le corresponde cultivarla y adiestrarla, para que alcance un buen nivel de creatividad y trascienda la personalidad de quien logre desarrollarla investigando y practicando innovaciones.

Para el caso de un líder, la imaginación es indispensable, de lo contrario, una persona sin imaginación, es una persona que siempre será dependiente de otras personas, por lo tanto, no está capacitada para guiar a nadie y nadie lo seguirá. Habrá pues que examinarnos y medir cómo andamos en nuestro carácter imaginativo.

> **Para el caso de un líder, la imaginación es indispensable.**

12.- Organización

El concepto de organización es el significado del orden que guarda una persona o una empresa, y resulta obvio que si no hay orden, hay desorden, y cuando una persona es desordenada o una empresa no está bien organizada, desde luego que el pronóstico es de que más temprano que tarde van a tener muchos problemas si no atajan a tiempo su desorganización.

Entonces, para atajar el desorden hay que ejecutar la acción de organizar, que significa: PREPARAR; así mismo es, primero hay que preparar las cosas ordenadamente y luego iríamos viendo cuidadosamente como resultan mejor organizadas. Un líder es un dirigente, por lo cual, tiene que ser una persona ordenada en todos sus aspectos para que siempre tenga el carácter de autoridad y capacidad de diseñar y vigilar la organización del conjunto que represente. Pero al mismo tiempo, el mismo líder tiene que estarse autocriticando, midiendo sus propios resultados, para saber si le falta carácter, capacidad y conocimientos como organizador.

> **Dominar el futuro de uno tiene que empezar seguramente con dirigirse uno mismo en el presente.**
>
> Shad Helmstetter

Shad Helmstetter en su libro <u>Qué Decir Cuando Te Hablas a Ti Mismo</u>, nos ilustra: "Dominar el futuro de uno tiene que empezar seguramente con dirigirse uno mismo en el presente."

Por otro lado, John MacArthur dijo, "El autocontrol es obviamente vital para que el éxito perdure en cualquier esfuerzo de la vida. Mucha gente obtiene un grado de prominencia en la fuerza de apartarse solamente del talento natural. Pero realmente, los líderes con influencia son los que se devotan a una disciplina personal y logran lo máximo de todos sus atributos." Y de esto, precisamente se trata la necesidad de analizar y autoevaluar la efectividad del carácter personal.

QUEHACER

Quehacer, es simplemente la habilidad y el modo de llevar a la práctica las cosas que se tienen que hacer. Por este razonamiento, digamos que según el modo y elegancia de poner en práctica las cosas que se tienen que hacer, de ese mismo modo y elegancia será observado por los demás.

Por lo que el líder tiene que ser muy cuidadoso para que sus acciones siempre sean engalanadas de un suave toque de distinción y otro de gentileza, para que luego sea imitado o duplicado expresando desenvoltura, cortesía y respeto a la inteligencia de los demás. Porque las cosas que se tienen que hacer, son precisamente el atractivo principal de las acciones y ejecuciones de un líder, y ese atractivo será el sello de distinción y la impresión permanente que de él tengan todos los demás.

> Quehacer, es simplemente la habilidad y el modo de llevar a la práctica las cosas que se tienen que hacer.

Ningún líder puede tener éxito, sin la habilidad de ejecutar lo que tiene que hacer. Es decir, si no sabe con precisión la calidad del atractivo en sus habilidades de ejecutar, lo que tiene que hacer no va a tener resultados. Por lo cual, para evaluar la efectividad de un líder y monitorear su crecimiento en esta área, por "Quehacer" se entiende lo siguiente:

- **Aceptar la responsabilidad**
- **Ética de trabajo**
- **Disponibilidad**
- **Deseo de invertir tiempo**
- **Tenacidad**
- **Perseverancia**
- **Ejecución** (Sueño, Compromiso, Lista, Contacto, Plan, Seguimiento, Planificar)

- **Responsabilidad**

Responsabilidad es la habilidad de responder a tus obligaciones. Es decir, si quedaste de hacer algo, hazlo sin dar excusas. Si asociaste una persona, ten la responsabilidad de bajar diez niveles en profundidad, mientras esa persona aprende. Cumple con lo que te corresponde. Entrena al nuevo. Lee para que aprendas a inspirar a otros a luchar por sus sueños.

> ### Si quedaste de hacer algo, hazlo sin dar excusas.

Gerardo y Graciela Suárez son un ejemplo de responsabilidad. Como líderes se aceptan como un adeudo, un débito, un saldo o un encargo; que por ninguna circunstancia no se dan el lujo de no hacer lo que tienen que hacer. Es decir no dejan para mañana lo que tienen que hacer hoy. Ya sea en relación a su crecimiento personal o andar en las trincheras. Porque al haber asumido la responsabilidad de líderes, Gerardo y Graciela se empeñan, se obligan y se exigen en el acatamiento formal de sus tareas inherentes.

Pregúntate cómo andas en la lectura, encargos, obligaciones y empeño personal. O si prefieres, mira tus puntos negativos como: incumplimientos, inmadurez, insolvencias, imprudencias, monomanías, caprichos, obsesiones, informalidades, incompetencias, desidias, perezas, etcétera, etcétera. Al autoanalizarte, tienes el conocimiento real para autocalificarte y desde luego a orientarte cuánto tienes que crecer en esta área.

• Disponibilidad
Hablemos de la disponibilidad, de estar listo o dispuesto con un ánimo positivo a ser parte de algo. Dentro del negocio se da mucho que cuando alguien se asocia o va comenzando este negocio la gente no está disponible. Por más que tú quieras capacitarte si no estás dispuesto a invertir tiempo con tu equipo de apoyo, jamás vas a aprender la técnica del negocio.

Disponibilidad, de estar listo o dispuesto con un ánimo positivo a ser parte de algo.

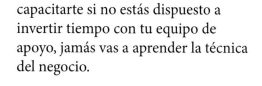

Entiende, la disponibilidad de un buen líder, es la herramienta principal que éste ofrece como un ejemplo a imitar por los demás. Podemos decir, que la disponibilidad, es el principio básico que te distingue y te decora frente a los demás, porque se sabe que se cuenta contigo.

José Marti, (dirigiéndose a sus compañeros en su lucha por la independencia de su patria, quienes se quejaban de la actitud indecorosa y falta de disponibilidad de algunos de sus integrantes) en una de sus epístolas les decía: "No desmayéis por las malas actitudes de otros, porque siempre habrá muchos hombres sin decoro, pero siempre habrá UNO, con el decoro de muchos."

A todo lo anterior habremos de agregar; que el líder con disponibilidad, el que da buen ejemplo, tiene la posibilidad de garantizar con su buena conducta, con sus normas morales de un estilo de vida intachable, con su proceder y comportamiento de tratar a la gente, y con el despliegue de sus conocimientos en el trabajo propio. Con todas esas virtudes, inspirará la confianza para garantizar la ayuda y solidaridad entre sus compañeros.

Y todo este contexto, es la póliza de garantía virtual del líder. Ejemplo de ello es Leobardo y Selene Ramírez, que desde sus comienzos en este negocio estuvieron dispuestos a capacitarse. Equipovisión sabe que cuenta con ellos para continuar llevando este mensaje alrededor de los Estados Unidos. Leobardo y Selene estuvieron dispuestos a pagar el precio de llegar a niveles para ser un ejemplo que cuando se es enseñable se pueden lograr grandes cosas.

• **Persistencia**

Hablemos de la persistencia. Sinónimo de persistencia son Ramón y Rosaura Hinojos. Son firmes y constantes para continuar lo que empezaron. Se mantienen constantes en la lucha de llevar el mensaje, que el hispano sí puede, y es capaz de ser libre económicamente.

> **Son firmes y constantes de continuar lo que empezaron.**

Ramón y Rosy persiguen esta idea y se mantienen en las trincheras con el lema "la persistencia es la cave". Están siempre detrás de cada uno de los socios de Equipovisión animándolos y provocándoles que 'sí se puede'. A todas horas y en todas partes llevan su mensaje. Persiguen el bienestar de su pueblo. Ramón y Rosy son duraderos en mantenerse sembrando sueños. La persistencia de Ramón y Rosy ofrece esperanza a quien lo necesita. En varios casos, Ramón y Rosy estiran su tiempo y renuncian a sus quehaceres para atender a la organización.

Líderes como ellos sí que añaden valor incalculable a Equipovisión. Ramón y Rosy son precursores de Equipovisión. Comenzaron este negocio aun cuando todo era en inglés. Aun cuando el sistema de capacitación existía sólo en el extranjero. La trayectoria de Ramón y Rosy es ejemplo de persistencia.

Bueno, para concluir esta parte, se nos ocurre citar a un líder, que durante su niñez observó que en su casa, todo el tiempo se estaba laborando en algo y que hasta el ocio, también era aprovechado en algo. Yitzhak Rabin, dos veces primer ministro de Israel y un trabajador incansable por la paz mundial dijo acerca de su niñez, "Nuestro hogar estaba impregnado de un sentido de misión. El trabajo era considerado un valor en sí mismo." Y en nuestra conclusión, al autoanalizarse el lado o el perfil del "Quehacer" de un líder, es la misma personificación de esta declaración. Es decir, la calidad con que hagas las cosas refleja quien eres.

RELACIONES

Por "Relación" se entiende la habilidad de llevarse bien con otros y formar amistades duraderas con la gente. Nadie puede experimentar éxito solo. Los líderes logran las cosas con, por, y para la gente, y eso solamente puede pasar con la habilidad de construir buenas relaciones.

> **Por Relación, se entiende la habilidad de llevarse bien con otros, y formar amistades duraderas con la gente.**

Las "Relaciones" dentro de nuestro negocio, se asemeja a las de un General. Es decir un General de brigada o General de división, según los soldados u oficiales a quien comande, y según el tipo de relaciones activas que mantenga, va a ser el control y calidad de su mando, para lograr una victoria.

Igualmente un individuo dentro de este negocio, según la calidad y cantidad de relaciones que mantenga en el ámbito de su organización, será la magnitud de su liderazgo. Pero un líder sin una expansión importante de relaciones, no podrá tampoco aspirar en lograr grandes victorias. Más claro, ni el General podrá lograr solo la victoria, ni el líder podrá triunfar solo, para llegar a Platino, Zafiro, Esmeralda o Diamante.

Entonces un individuo dentro de este negocio, tendrá que estar midiendo continuamente las relaciones activas dentro de su grupo, y cultivar nuevas relaciones según sus metas. Pues es obvio que la diferencia entre un Platino y un Esmeralda es la cantidad y calidad de relaciones activas.

Por lo tanto, para el líder resulta indispensable registrar un directorio clasificado de las personas relacionadas a su negocio, con quienes se pueda reunir en "opens", seminarios, entrenamientos, convenciones o en cualquier evento. Es importante buscar las oportunidades de contactar individualmente a cada uno de los miembros de tu equipo con el propósito de elevar el toque personal. De tal forma, se afinan esas relaciones, elevando el afecto personal y de esta forma se construyen sanas, positivas y duraderas amistades.

El líder tiene que empezar por medir la habilidad de llevarse bien con sus socios.

Bueno, entonces el líder tiene que empezar por medir la habilidad de llevarse bien con sus socios. Y para poder analizar el grado y calificación de sus "Relaciones" puede hacer un acto de conciencia autopreguntándose:

- ¿Qué tanto acepto a la gente?
- ¿Doy a las personas certeza y objetividad?
- ¿En verdad aprecio a la gente?
- ¿Siempre busco encontrar lo bueno de la gente?
- ¿Conforto y animo a la gente?
- ¿Atiendo y defiendo a la gente?
- ¿Coopero y ayudo para que la gente logre hacer las cosas?
- ¿Qué tanto tolero a la gente?
- ¿En los negocios siempre ofrezco el gana-gana a la gente?
- ¿En mis disertaciones trato de vencer a los demás?
- ¿Con sólidos y verdaderos argumentos trato de convencer?
- ¿Frente al necio me pongo muy molesto?
- ¿Qué tanto reconozco los razonamientos de la gente?

Así, simplemente, con este autoanálisis, más otros discernimientos de su propia cosecha, podrá encontrar las deficiencias en la calidad de sus "Relaciones". O tal vez, para su bien, hasta le brote un remordimiento, que lo incitará a la mejoría de las mismas y al convencimiento de que los líderes tienen que lograr las cosas con, por, y para la gente. Y eso solamente puede pasar con la habilidad de construir sanas, productivas y duraderas amistades.

~~~~~~
Los líderes tienen que lograr las cosas con, por, y para la gente.
~~~~~~

¿Conforto y animo a la gente?

Hablemos un poco en calidad de confortar y animar a la gente. Dentro de este negocio, la gente tiende a buscar asesoría cuando se le presentan retos. Algunos de los socios tienen problemas conyugales, otros financiaros y algunos mientras andan en las trincheras construyendo su negocio las cosas no se les dan. Cuando vienen contigo ¿los escuchas? ¿Te pones en su lugar? ¿Tratas de ver las cosas desde su punto de vista? o ¿los criticas? o ¿te incomoda que te compartan sus retos? La gente necesita que alguien deposite confianza en ellos; que alguien los escuche y los anime. Recuerda que a la gente no le interesa cuánto sabes, hasta que ellos saben cuánto tú te interesas por su éxito.

~~~~~~
A la gente no le interesa cuánto sabes, hasta que ellos saben cuánto tú te interesas por su éxito.
~~~~~~

Ejemplo de confortar y animar es Sergio y Martha Aguilera. Aun cuando ellos estaban pasando por retos financieros confortaban y animaban a su organización. Sergio y Martha alentaban y reanimaban a miembros de su equipo a que no se rindieran, y a que se mantuvieran luchando por sus sueños. Hoy en día, hay varios líderes dentro de la organización de Sergio y Martha, que gracias al exhortamiento de provocar animo e inyectar valor y no rajarse, han logrado grandes cosas. Sergio y Marta son sin duda una pareja que conforta y anima a quien se le acerque.

¿Doy a las personas certeza y objetividad?

Otro ejemplo de quien sabe crear buenas relaciones es Eliseo Ruiz. Sabe dar certeza y objetividad. Le gusta tener cuidado con lo que dice, así como escuchar detenidamente antes de compartir su opinión. Celebra y da certeza cuando algo tiene sentido. Es objetivo en sus comentarios constructivos. En sus conversaciones no trata de hacerse el gracioso con el propósito de ser el centro de la atención y de saberlo todo.

Eliseo cae bien a la gente. Demuestra un equilibrado, buen sentido del humor, con el debido respeto y la oportunidad acertada. Además, Eliseo encuentra anécdotas, parábolas, metáforas y argumentaciones amenas y hasta divertidas. Con esto podríamos decir que tiene ventajas a su favor para influenciar en sus relaciones. No hay duda que dentro de Equipovisión hay líderes como Eliseo.

> **No hagas a otro, lo que no quieras para ti.**

Añadiendo un poco más a esta parte o a este perfil del líder, quiero aportarles la experiencia de nuestros ancestros: "Las amistades son el cimiento de nuestras relaciones, nacen desde nuestro propio comportamiento y tolerancia con los demás y, para mantenerlas, habrá que desechar la 'Ley del Talión: ojo por ojo, diente por diente' para no erigirnos como jueces de los actos ajenos y aplicar castigos idénticos a las ofensas que nos causen. Porque ésta ley sólo desencadenará una guerra en las relaciones de socios". Lo más acertado y objetivo será prevenir esta guerra pensando: "No hagas a otro, lo que no quieras para ti." O si les parece más amplia la frase universalmente famosa de don Benito Juarez Garcia: "Entre los individuos, como entre las naciones, el respeto al derecho ajeno, es la paz."

Y si alcanzamos tanta madurez en la calidad de nuestras relaciones, podemos deducir, que en el arte de desenvolvernos como líderes, tanto a nuestros amigos, como a nuestros enemigos, los podremos diferenciar, pero a todos será mejor mantenerlos al alcance de nuestra mirada, afable y comprensiva, para evitar que nos invada la comodidad del egocentrismo, al pensar que solos, hinchados de codicia y ambición desmedida, pudiéramos alcanzarlo todo, lo cual es mentira.

Tú, raras veces logras mucho por ti solo. Tienes que recibir la ayuda de otros.

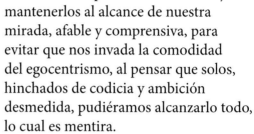

Henry J. Kaiser dijo, "Tú, raras veces logras mucho por ti solo. Tienes que recibir la ayuda de otros". Esta es la orientación del camino que el líder nunca puede perder en el rumbo de sus "Relaciones".

¿Siempre busco encontrar lo bueno de la gente?

Esta es una buena autopregunta para que te valores qué tan positivo o negativo eres cuando buscas relacionarte con alguien. Todo mundo habremos de tener cosas buenas y cosas malas, el secreto consiste en que sólo debe ser importante para una relación las cosas buenas, las cuales conviene distinguirlas siempre para cultivar una relación. Las cosas malas hay que marginarlas, hacerlas a un lado para que no entorpezcan el desarrollo de una relación. Conozco a una pareja de socios que sólo encuentran lo bueno de la gente, Jorge y Christy Banderas.

¿Coopero y ayudo para que la gente logre hacer las cosas?

Analicen qué tan cooperadores son con las tareas de sus socios. Muchas veces ellos sólo esperan que su líder les de un empujoncito para hacer bien las cosas. El líder tiene la responsabilidad de ser solidario con quien está adherido en las mismas actividades que él, por lo cual, siempre le resultará conveniente auxiliar a sus socios, tendiéndoles su mano o arrimando su hombro para que las cosas que a la gente se le dificulten salgan bien. Examinen pues, ¿Qué tanto cooperan y ayudan a sus compañeros?

¿En mis charlas (disertaciones) trato de vencer a los demás?

Los líderes por lo general, son personas que tienen la oportunidad de hacerse escuchar por quienes mantienen relaciones con ellos, pero de vez en vez aparecen "líderes" que con sus discursos y actitudes, se ven prepotentes tratando de vencer sometiendo a quienes los atienden, en lugar de ellos atender y entender a quienes les regalan su tiempo. Hay que medir la calidad de las disertaciones y las actitudes para saber si en ellas no se esconde la intención de que los socios sólo tengan la ocasión de agachar la cabeza frente a su líder.

¿Con sólidos y verdaderos argumentos trato de convencer?

El buen líder no reprime, no regaña, no reprende, no vence, ni intimida a sus seguidores; el buen líder convence dándose a las buenas la atención de sus seguidores. Es aquí, donde hay que valorar la calidad y cantidad de nuestros argumentos, que deben apoyarse en evidencias para tratar de convencer a la gente, para que se sientan con la libertad de imaginar y actuar conforme a las enseñanzas y oportunidades que su líder les argumenta.

> El buen líder
> no reprime,
> no regaña,
> no reprende
> ni intimida
> a sus
> seguidores.

¿Frente al necio me pongo muy molesto?

Veamos, en todas las agrupaciones, asociaciones o negocios, todos estamos expuestos a relacionarnos con personas de diferentes criterios y costumbres a las nuestras. Es por ello, que con facilidad suelen aparecer las discusiones ácidas, agrias o picantes y terminamos por calificar a quien no está de acuerdo con nosotros como unos "necios" o "majaderos" que desde luego tienden a ponernos molestos. En tales casos, lo mejor es controlar el fastidio para no caer en ese mismo círculo vicioso de la necedad. Procurar no demostrar nerviosismo al sonreírnos y solamente mostrar respeto hacia las personas que no piensan igual que nosotros. O de lo contrario, quien se moleste por los razonamientos o sinrazones del otro, es a quien se le puede calificar como un necio. Entonces, hay que medir qué tanta molestia sentimos frente a cada persona con quien nos relacionamos.

¿Qué tanto reconozco los razonamientos de la gente?

Bueno, para concluir el numeral de propuestas, procuremos entender que las relaciones son de ida y vuelta, no pueden ser egocéntricas. Por lo que sería muy conveniente que cada líder analice el grado de reconocimiento que le otorga a las razones que la gente le expresa en sus conversaciones. Porque si nunca conocemos las razones de la gente, estaremos ganándonos el mismo tratamiento, es decir, que igualmente nadie reconozca nuestra razón. Hay que analizarnos, para saber qué tanto nos manifestamos conformes cuando las razones de la gente son evidentes, hay que medir cómo se quedó la gente después de haber sido escuchada por su líder.

> **Si nunca conocemos las razones de la gente, estaremos ganándonos el mismo tratamiento, es decir, que igualmente nadie reconozca nuestra razón.**

Así, simplemente, con éste panorámico autoanálisis, más otros discernimientos que el lector puede aportar de su propia cosecha, el líder podrá encontrar las deficiencias en la calidad de sus "Relaciones" y tal vez, para su bien, hasta le brote una inquietud, que lo incitará a la superación de las mismas y al convencimiento, de que los líderes tienen que lograr las cosas con, por, y para la gente, y eso solamente puede pasar con la habilidad de construir excelentes y productivas relaciones.

3

Usando el Método 'DESARROLLO TRILATERAL'

En los siguientes párrafos vamos a dar una serie de ejemplos de cómo un individuo puede empezar la jornada de crecimiento personal con una consideración de autoevaluación en sus TRES PERFILES: **Carácter**, **Quehacer**, y **Relaciones**.

Al autoevaluarse, le proveerá un punto de partida. Conforme el líder progresa usando los principios ilustrados en este escrito, va a ver mejorías marcadas, las cuales pueden ser calculadas usando la gráfica. De esta manera, un líder puede mantenerse llevando su propia cuenta y vigilar que no haya un falso o desordenado crecimiento, sino un verdadero crecimiento equilibrado y específico en cada uno de sus tres lados.

Veamos un ejemplo de cómo funciona. Vamos a decir que algún líder, Panchito, autocalifica su "Carácter" más o menos con un 2. Al continuar, él piensa que no es bueno en muchos de sus "Quehaceres" y está sujeto a demorar y a tener excusas con los demás. Por lo tanto, se autocalifica con un 1. Finalmente, Panchito cree que él es más o menos bueno en construir amistades y sostener buenas relaciones y se pone un 3 en "Relaciones". De esta forma, el método consiste en el planteamiento de un problema matemático:

- C = 2, Q = 1, R = 3,

que simplemente se resuelve con la formula:
- 2 x 1 x 3 = 6

evaluación general: **6**

Entonces Panchito podrá usar este resultado como la valoración de efectividad de su propio liderazgo. Es importante entender el modo que esta fórmula mide el liderazgo.

1000-800 = Líder **EXCELENTE**
800-600 = Líder **BUENO**
600-400 = Líder **MEDIO**
400-200 = Líder **EN CRECIMIENTO**
200-0 = Líder **NUEVO**

PANCHITO

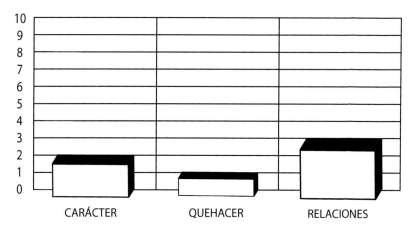

PANCHITO: 2 x 1 x 3 = 6 en Efectividad de Liderazgo

Hasta aquí todo resulta muy fácil, pero si queremos saber nuestra propia realidad, tendremos que ser prudentes, para darle certeza y objetividad a nuestra propia evaluación de liderazgo. Porque en general, la gente suele sobrevaluarse. Siempre el intervalo entre la autocrítica y la realidad, tiende a la confusión y tentará al autoengaño.

> **En general, la gente suele sobrevaluarse.**

Observemos. Recientemente en una encuesta efectuada a Gerentes Corporativos en los Estados Unidos, les pusieron una trampa. Una interrogación en la encuesta averiguaba si había o no una crisis de administración en las corporaciones en el país. Más de dos tercios de los Gerentes respondieron estando de acuerdo con que SÍ había efectivamente una crisis de administración en su empresa.

Más adelante en el cuestionario, se preguntó si el participante de la encuesta era parte de la crisis, siendo él también un Gerente defectuoso. La mayoría de los que respondieron contestaron que ¡NO! ¡Qué casualidad! Según ellos, no eran parte de la crisis. Imagínense el resultado: dos tercios estaban seguros que había una crisis, y casi todos estuvieron seguros de que ellos no eran partícipes de la causa. Y obviamente, el margen de equivocación de la encuesta fue enorme y su credibilidad fue 100% negativa, no obstante, se les dio a conocer el resultado para luego tirarla a la basura.

Más o menos igual a la encuesta de Gerentes, puede funcionar este método trilateral. La diferencia consiste en que la indagatoria es interna, y para el uso exclusivo de quien haga uso de este compendio de liderazgo trilateral, y a sabiendas de su metodología, pueden usarlo aportándose los antecedentes, conforme a la transparencia y evidencia que busquen para desarrollar las expectativas de sus negocios.

Todo dependerá de hacerse un autoanálisis auténtico y decente. Como le llama Jim Collins: "Confrontando la realidad bruta"; aunque nunca estará por demás consultar la opinión de un mentor, a fin de apoyar la autoestimación para hacerla más cabal y equitativa.

Simplemente, cuando los líderes son suficientemente valientes para enfrentar su propio diagnóstico, es como pueden asumir el reto y desafiar apropiadamente su pronóstico. Los líderes pueden solamente mejorar cuando ellos mismos deciden mejorar. Y ellos no pueden mejorar, hasta que ellos sepan en dónde son débiles y en dónde son fuertes. Nadie puede controlar ni alterar el pasado desde donde comienza su jornada, pero sí pueden planificar para controlar lo que descubrieron y empezar una nueva jornada.

> **Simplemente, cuando los líderes son suficientemente valientes para enfrentar su propio diagnóstico, es como pueden asumir el reto y desafiar apropiadamente su pronóstico.**

Desde luego, habrá que estar conscientes, que un líder nuevo, al someterse al autoanálisis, va a resultar por lo regular, dignamente débil en todos sus perfiles; por lo que el resultado general de su autoevaluación será muy bajo. En estos casos, la buena noticia será: que ya conoce la medición de sus debilidades principales hallándolas en cada uno de sus tres lados diferentes.

Por lo tanto, el líder joven, localizará con precisión, qué tanto esfuerzo es requerido en cada uno de sus perfiles de: "Carácter", "Quehacer" y "Relaciones". Y así saber donde acentuar esfuerzos, para detonar un impacto en la calificación final.

Por ejemplo, vamos a decir que el mismo Panchito, mejora su habilidad de "Quehacer" de un 1 a un 4. Re-calculando su valoración "Quehacer" total le daría un 24 (2 x 4 x 3 = 24) en Efectividad de Liderazgo; y al compararlo con el 6 preliminar cuando empezó, se observa una ligera superación. Obviamente, de aquí se desprende que el factor multiplicador más importante fue el que aumentó.

PANCHITO HA MEJORADO

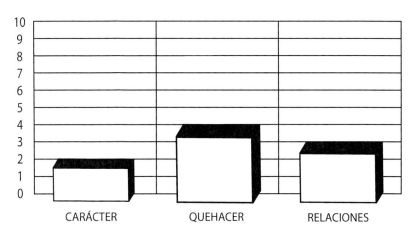

PANCHITO: 2 x 4 x 3 = 24 en Efectividad de Liderazgo

Lógicamente, al observar el ejemplo anterior, es de considerar que las metas de efectividad de liderazgo serán llegar a obtener un 10 en "Carácter", 10 en "Quehacer" y 10 en "Relaciones"; para alcanzar el máximo resultado de 1000 (10 x 10 x 10 = 1000) como autocalificación. Y que por lo tanto, moviéndose de un total de 6 a un total de 24 no es muy impactante.

Es por ello que exponemos que los líderes nuevos necesitan paciencia y perseverancia. Se llevará tiempo y esfuerzo para mejorar paso a paso desde el "Carácter", los "Quehaceres" y las "Relaciones", que es el factor multiplicador donde la diferencia externa es trascendente.

Pero al usar este escrito "Desarrollo Trilateral", como un instrumento de medición, Panchito, ya ganó y se ha movido de un 6 a un 24, lo que significa un 300% de mejoría en su resultado final de efectividad de liderazgo. Y miren ustedes, regularmente, ese sí es una mejoría muy importante, aunque desde afuera otros casi no podrán percibirlo todavía. No obstante, lo importante es que Panchito ya está poniendo las bases de su éxito futuro.

Desde otro punto de vista, hemos escuchado decir que las personas deben enfocar sus esfuerzos en sus talentos potenciales, y que sus incapacidades y debilidades se mejoran por sí mismas. Esto es quimérico o inventado falsamente. Sería como recomendarle a un deportista talentoso de Triatlón, que solamente se enfoque en natación, y que se inscriba para competir en el "Triatlón" de "Los Juegos Olímpicos". En donde desde luego se requieren habilidades en tres disciplinas de resistencia y velocidad distintas como: natación, ciclismo y carrera pedestre.

El método de autoanálisis trilateral nos muestra, que un líder, para llegar a ser exitoso, mínimo tendrá que desarrollar TRES disciplinas básicas e interrelacionadas.

Entonces, ¿Quién puede afirmar que al desarrollar únicamente su talento como nadador, éste le podrá servir como ciclista y luego como un corredor pedestre? La respuesta es obvia: Nadie. Porque su entrenador le estará siempre animando para que crezca más alto, en su: "Carácter" de nadador; más rápido en su "Quehacer" de pedalear y más fuerte en su pedestrismo para que sus "Relaciones" grupales y de equipo lo mantengan como líder en la competencia. Y si ha determinado ser "Líder" en el "Triatlón", pues deberá desarrollar proporcionadamente las tres disciplinas requeridas.

Igualmente quien pretenda ser un líder empresarial en este negocio, no puede atenerse a ser bueno solamente en una cosa. El método de autoanálisis trilateral nos muestra, que un líder, para llegar a ser exitoso, mínimo tendrá que desarrollar TRES disciplinas básicas e interrelacionadas. Porque los negocios de un líder empresarial exigen estar interactuando constantemente con su "Carácter", con sus "Quehaceres" y con sus "Relaciones" compensadamente.

Más claro, sus TRES perfiles de capacidades, tienen que estar vinculados y proporcionados en sus tres aspectos, los cuales tendrá que irlos impulsando como el competidor del triatlón olímpico: "Más alto, más rápido y más fuerte".

¿Por qué tiene que ser así? Pongamos un segundo ejemplo: A ver, imaginemos a otra persona, quien generó resultados mas o menos buenos en DOS aspectos, pero excluyó UN perfil y lo reservó.

> **Igualmente, quien pretenda ser un líder empresarial en este negocio, no puede atenerse a ser bueno solamente en una cosa.**

Veamos: Diego se evalúa con una marcación de 5 en "Carácter", un 8 en "Quehaceres", y un 0 en "Relaciones". Al aplicar el método "Trilateral": 5 x 8 = 40 y 40 x 0 = 0, podemos ver que no es suficiente qué tan buen carácter" desarrolló o qué tan buenos "Quehaceres" haya ejecutado Diego. Este individuo, está predestinado a la frustración y a no tener efectividad en su liderazgo, debido a que la efectividad de "Relaciones" quedó excluida en su desarrollo. Muy sencillo, los factores multiplicados, nunca podrán influir en el factor final multiplicador. Dicho de otra manera, en procedimientos matemáticos, todo lo que se multiplique por cero, seguirá siendo un cero.

DIEGO

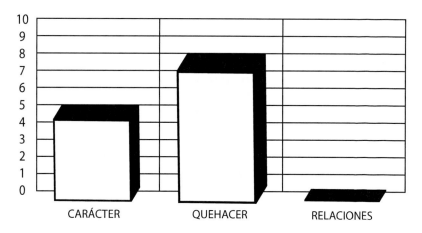

DIEGO: 5 x 8 x 0 = 0 en Efectividad de Liderazgo

Pero, ¿Qué tal si Diego lograra mejorar sus relaciones, aunque fuera a un 1? La operación matemática cambiaría radicalmente, y su resultado total de efectividad en el liderazgo sería al menos de 40, en la escala de 1000 puntos posibles. ¡Sorprendente! O, ¿No es así?

Veamos:

DIEGO HA MEJORADO

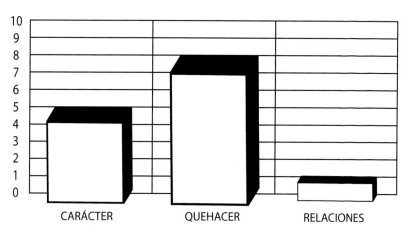

DIEGO: 5 x 8 x 1 = 40 en Efectividad de Liderazgo

Aún mejor, ¿Qué tal si Diego, enseguida mejorara uno de sus perfiles, por decir, "Carácter", de 5 a 6? Esto sería un avance muy importante, porque aun multiplicándolo por 8 en "Quehaceres", estaría realmente motivándose hacia el éxito, aunque el resultado de la evaluación general de 48 lo vea Diego todavía como algo muy pequeño. Sin embargo, la importancia consistirá en que Diego haya encontrado el por qué de su necesidad en atender su lado más débil, ese 1 en "Relaciones" que lo tiene todavía atrancado.

DIEGO HA MEJORADO AUN MÁS

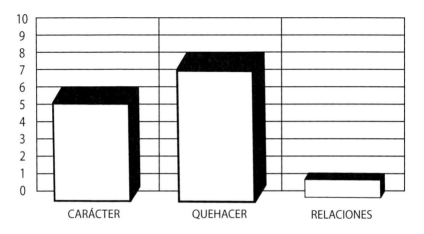

DIEGO: 6 x 8 x 1 = 48 en Efectividad de Liderazgo

En este ejemplo, donde Diego, tiene todavía un perfil muy débil en "Relaciones", queda muy claro, que los otros lados más o menos fuertes, siempre los detendrá el factor débil. Y esto nos muestra que nunca será suficiente enfocarse solamente en las fortalezas, sino que es indispensable atender las debilidades. Porque los líderes no pueden darse el lujo de ser débiles en ninguno de sus TRES PERFILES, por el nexo aleatorio que cada uno representa y se manifiesta en sus resultados posteriores. Para ser un líder competitivo, uno tiene que ser fuerte en los TRES LADOS, y punto. Se llevará trabajo, pero eso tendrá que ser la decisión. De otra manera, la debilidad desbaratará las fortalezas. Y mucho cuidado con las debilidades, porque éstas, pueden ser contagiosas, y quienes inteligentemente descubran las debilidades de un líder, procurarán apartarse de él, atendiendo lo que dijo Mike Kryzewski, "Nunca dejes que la debilidad de una persona se meta en el camino de tu fortaleza."

Ya cuando un líder agarre el concepto de Liderazgo Trilateral, y tome la responsabilidad completa de crecer progresiva y balanceadamente en estas tres áreas, es solamente un asunto de tiempo antes de que el efecto multiplicador de la mejoría entre y los resultados externos sean revelados. Lo externo comenzará a vislumbrarse, hasta cuando un líder asuma el concepto de crecimiento personal, tomando las riendas de su responsabilidad completa, al conocer por medio de este proceso de Desarrollo Trilateral sus debilidades y flaquezas y entonces sí, podrá aspirar a convertirlas en fortificaciones y fortalezas.

Un tercer ejemplo: Cuauhtémoc ha estado trabajando diligentemente, para llegar a ser un líder por mucho tiempo. Él ha seguido el proceso del desarrollo resumido en este libro, y ha hecho decisiones conscientes para mejorar las tres premisas del libro "Desarrollo Trilateral". El año pasado, Cuauhtémoc se autoevaluó con un 6 en "Carácter", un 6 en "Quehaceres" y un 7 en "Relaciones". Su operación fue: 6 x 6 x 7= 252.

CUAUHTÉMOC

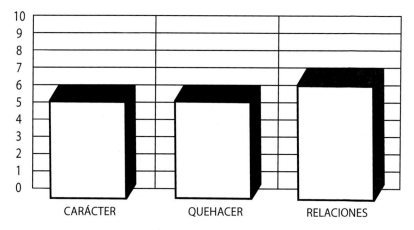

CUAUHTÉMOC: 6 x 6 x 7 = 252 en Efectividad de Liderazgo

Viendo lo anterior, Cuauhtémoc se planteó trabajar duro en el área del "Carácter" y el "Quehacer", y logró incrementar en un punto estas dos áreas. Pero él no sintió que mejoró su habilidad en el perfil de "Relaciones". Su operación ahora gravita en un 7 x 7 x 7, que le resultará una Efectividad de Liderazgo de 343.

CUAUHTÉMOC HA MEJORADO

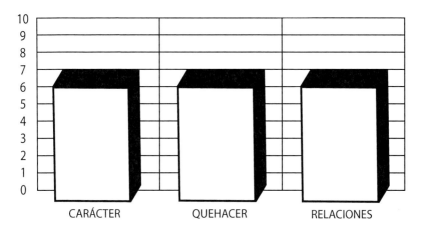

CUAUHTÉMOC: 7 x 7 x 7 = 343 en Efectividad de Liderazgo

Aquí, lo que Cuauhtémoc tiene que apreciar es que su efectividad se extendió 91 puntos MÁS, o sea, elevó un 36%, mejorando sólo un punto en dos categorías. Indudablemente, Cuauhtémoc está sintiendo cierta satisfacción. Sin embargo, lo que Cuauhtémoc debe de capturar, es el hecho que su confianza reaccionó al efecto combinado de sus energías equilibradas (7 en Carácter, 7 en Quehacer y 7 en Relaciones). Y de esta forma, se puede ver que el Líder tiene que interactuar equitativamente con sus TRES áreas, para que los resultados desde luego sean sensitivamente satisfactorios.

Bueno, con el ejemplo anterior, se pretende demostrar que cuando el líder ha logrado equilibrar sus TRES perfiles, podrá disfrutar de ese efecto combinado, lo cual, le dará la pauta a seguir trabajando para superarse equitativamente en SUS TRES partes. Y en la medida que vaya creciendo mediante este método, su prestigio irá prevaleciendo y su buena fama influirá entre la gente. Porque el efecto compuesto, al interactuarse, se maneja como una mezcla interesante, ofreciéndose como una sabiduría ecléctica que en forma trivalente coopera con las personas, al brindarles simultáneamente lo mejor de su carácter, sus mejores quehaceres, para sus mejores relaciones de convivencia.

La historia nos ha demostrado que los líderes no nacen, SE HACEN.

Este efecto compuesto, es lo que provoca que el líder tenga resultados. No se trata de algo sobrenatural, ni de algo mágico, sino de algo que se puede lograr con voluntad, decisión y perseverancia. Y este método de medición, "Desarrollo Trilateral", es una forma de demostrar e ir marcando la mejoría, y el alcance de influencia particular de cada líder.

Nadie debe cómodamente decir "Yo no nací para ser líder", porque la historia nos ha demostrado que los líderes no nacen, SE HACEN. ¿Cuántas veces hemos visto por dondequiera a personas sencillas, humildes o naturales, que ejercen tremenda influencia sobre otros y tienen resultados externos masivos que demuestran sus efectos? Por supuesto que las hemos visto muchas veces, en todos los géneros, en diferentes generaciones y de diversos estratos sociales. Ese es el poder del compuesto trivalente aplicado a la energía humana.

Todos los grandes líderes de la historia dejaron huellas imborrables en este mundo y en su gente, porque utilizaron este efecto combinado que como líderes pudieron desarrollar al percatarse que solos, por muy fuertes, muy talentosos o muy ricos, nada podían cambiar, y para todos ellos, los logros transcendentales requirieron de una influencia masiva de su liderazgo. Lo importante que hay que celebrar, es que este efecto multiplicador, está disponible para todos. Solamente se requiere tomar la decisión de seguir este proceso moderno para el desarrollo de su propio liderazgo, y encaminarse para crecer equilibradamente en "Carácter", "Quehaceres" y "Relaciones".

Y para concluir, del mismo modo que aceptemos que los líderes no nacen, sino que se hacen. Debemos de advertir, que los líderes, como todos los seres humanos, no son perfectos, ni independientes; pero si quieren su crecimiento como líderes, deberán siempre considerarse perfectibles en su Carácter, en sus Quehaceres y en sus Relaciones.

El resultado de 1000 en efectividad podemos verlo difícil, pero no imposible. Lo que nunca se debe hacer es parar en su búsqueda; la lucha y el combate deben persistir acortando el trecho entre donde estemos y la posibilidad de palpar el máximo que soñemos alcanzar. Jamás debemos conformarnos creyendo que hemos llegado a "Suficientemente bien" porque esta creencia va a frenar el impulso del ritmo progresivo que llevemos. Aun peor, hasta podría hacemos retroceder. Se pueden contar muchas historias de grandiosos líderes que lograron tener una influencia tremenda, y creyeron que ya era suficiente para "dormir en sus laureles", descontinuaron su crecimiento para después caer estrepitosamente, simplemente por su egolatría y falta de consideración y preocupación por sí mismos y por los demás.

> **La lucha y el combate debe persistir acortando el trecho entre donde estemos y la posibilidad de palpar el máximo que soñemos alcanzar.**

Pero si de escuchar historias se trata, lo mejor es apoyarnos en los ejemplos históricos de los líderes que nunca se rindieron en las batallas que les resultaron adversas, que nunca claudicaron en sus sueños y esperanzas de victoria, redoblaron sus esfuerzos y triunfaron, porque nunca pararon cuando llegaron a la cima, desde donde miraron a muchos compañeros que todavía necesitaban de su liderazgo, y continuaron sin alabarse por lo que habían logrado, sino que visionaron lo que les faltaba por lograr hacia los demás. He aquí una breve semblanza de un líder de esos, que se convirtió por su liderazgo, como el Paladín "Benemérito de las Américas", Don Benito Juárez García.

Semblanza

Don Benito Juárez García
BENEMÉRITO DE LAS AMÉRICAS

Benito Pablo Juárez García, nació el 21 de marzo de 1806, en el Villorrio de San Pablo Guelatao, Oaxaca, México, población ubicada en el nudo montañoso mixteco-zapoteco (hoy Sierra de Juárez), hijo de Marcelino Juárez y Brígida García, quienes eran, según sus propias palabras "indios de la raza primitiva del país", y murieron cuando Benito apenas tenía 3 años de edad.

Por lo cual, quedó al amparo de sus abuelos y hermanas, Rosa y Josefa, aunque finalmente terminó bajo la custodia de su tío, Bernardino Juárez a quien sólo se le ocurrió poner a aquel niño como peón de campo y como pastor de ovejas, hasta que aquel indito llegó a la edad de 12 años y huyó a la ciudad de Oaxaca, por miedo, tras habérsele perdido un par de ovejas.

(Aquellos eran tiempos turbulentos, agitados en Europa donde se gestaban movimientos sociales para romper con las supersticiones y reminiscencias de la época feudal, y, en toda América se acentuaba el colonialismo y la opresión hacia los indios, sometiéndolos a la explotación despiadada y condenándolos a la falta de oportunidades de educación, para que vivieran en el oscurantismo.

Al llegar a la ciudad de Oaxaca, aquel niño llevaba varios días haciendo camino a pie, descalzo, harapiento, hambriento y extenuado. No hablaba más que su lengua materna, el zapoteco, y después de pasar muchos esfuerzos, encontró a su hermana Josefa que era sirvienta de un comerciante extranjero de apellido Maza, quien tras escucharlo relatar las peripecias que pasó para llegar a su casa, lo acogió como sirviente doméstico. Benito, no sabía leer ni escribir, pero insistía en que su patrón le enseñara a pronunciar palabras del idioma castellano, y él a su vez le correspondía dándole traducciones al zapoteco. Y por este medio, obtuvo la simpatía de Don Antonio Maza, quien intercedió para que Benito fuera aceptado como aprendiz de encuadernación con el sacerdote franciscano Antonio Salanueva. Fue así, como teniendo en sus manos aquellos folletos, y escuchando algunos de sus títulos y contenidos, aprendió con un apetito increíble de saber, y ahí mismo, en sus ratos libres hacía la primaria, y, jugaba perseverante y aprendiendo para estimular sus aspiraciones (sueños) de superación personal. El sacerdote franciscano se impresionó con el carácter, decisión y tenacidad de aquel niño, en su perseverancia del aprendizaje no lo soportaba, y mejor optó por tramitar su ingreso en el Seminario de la ciudad.

En el Seminario de "Santa Cruz", cursó las asignaturas de latín, filosofía y teología. Pero el seminario no le llenaba, en especial le aburría la teología, clase donde se dormía. Y con la oposición de su protector Salanueva, abandonó el Seminario e ingresó a la carrera de Jurisprudencia en el Instituto de Ciencias y Artes de Oaxaca. Algunos de sus profesores eran masones, que fueron influenciados por la actitud como desarrollaba varias cátedras y le cogieron admiración, y sus relaciones influyeron para que aquel indio se desempeñara como líder Rector del Instituto, en el cual siempre profesó y defendió ante todo, sus visiones y sueños liberales.

En una ocasión, le pidieron participar en una obra de teatro representando el carácter de un "Griego", siendo él un indio muy moreno, pero además, el libreto incluía recitar unos versos en latín. Sin pensarlo mucho, Benito asumió el reto, y para sentir el carácter de un griego, se blanqueó la cara con harina de maíz, y lo hizo tan grotescamente, que todos se rieron de él cuando salió al escenario. Sin embargo, manteniendo una buena actitud durante el recital, recitó en perfecto latín, con acento romano y la mímica francesa, lo cual influyó en sus relaciones con el público y provocó que, ¡tronara en ovaciones y aplausos todo el auditorio! Pero Benito, ni se inmutó, no se dejó perturbar por aquellas efímeras glorificaciones, y las consideró transitorias e innecesarias para la continuación de sus desarrollos potenciales.

Ya en 1833, con su carácter y actitudes, se ganó la admiración y respeto de sus profesores quienes ya lo reconocían como un auténtico líder, quienes por sus relaciones, lo impusieron en algunos puestos modestos del ayuntamiento, y ese mismo año lo promovieron a su primer cargo de elección popular como Diputado local. Pero nunca descansaba, seguía cumpliendo todas sus responsabilidades aprendiendo, hasta que en 1834 obtuvo su liberación de aquel Instituto, llevándose la acreditación de Licenciado en Derecho.

Pero las condiciones del país no eran nada fáciles para un liberal, y la burguesía clerical no le aplaudía sus éxitos, y lo forzaron a huir a Puebla, donde tuvo que trabajar administrando unos baños públicos. Pero nunca se dio por vencido y regresó a Oaxaca donde fue designado Juez de Primera Instancia. A la edad de 37 años se casó con Margarita Maza, hija adoptiva de su antiguo patrón.

Luego, le nombraron Fiscal del Supremo Tribunal de Justicia oaxaqueño. Sus actitudes como líder le fueron dando más influencia, y en 1847 se trasladó a la ciudad de México como Diputado Federal, donde conoció las entrañas secretas de la organización masona, se enroló con el nombre de "Guillermo Tell" y formó su propio equipo.

Debido a la invasión estadounidense, fue nombrado Gobernador interino de Oaxaca, y sus acciones se caracterizaron por lograr el equilibrio económico y cultural de sus seguidores, que ya eran la inmensa mayoría del pueblo. Duplicó el número de edificios escolares, creó el puerto de Huatulco y construyó el camino que lo conectara con la capital de Oaxaca. Desde las cinco de la mañana instalaba su escritorio público para que cualquiera, sin importar su condición social o económica, pudiera hablar con él, luego, entraba a su despacho para no salir de él hasta muy altas horas de la noche.

Al terminar su período de gobierno, el Instituto de Ciencias y Artes lo llamó para que siguiera impartiendo cátedra, y el primer día, todo el personal lo recibió dándole un homenaje, en el cual, se cuenta que se sintió incómodo y expresó:

"Libre, y para mí es sagrado, el derecho de pensar. La educación es fundamental para la felicidad social; es el principio en el que descansan la libertad y el engrandecimiento de los pueblos."

Un día, mientras daba cátedra, fue tornado prisionero por unos militares mandados por el traidor Antonio López de Santana, quien lo desterró enviándolo desde Veracruz hacia Cuba, donde trabajó en una fábrica de puros. En cuanto juntó un poco de dinero, se trasladó por barco a Nueva Orleans, donde buscó apoyo de las logias masónicas y allí conoció a Melchor Ocampo y a otros hispanoamericanos. Con ellos se reunía constantemente en diferentes domicilios y a veces en secreto, para enfrentar sus condiciones políticas y migratorias en los Estados Unidos, y planificar una red que les diera soluciones económicas porque sus salarios eran miserables, y discutían alternativas para volver a México. Desde el destierro, este grupo apoyó el famoso "Plan de Ayutla", donde en 1854 se proclamó el derrocamiento del traidor Antonio López de Santana.

En 1855, Juan Álvarez, al alcanzar la presidencia de la República, nombró a Don Benito Juárez, Ministro de Justicia e Instrucción Pública, y desde luego vinculó su carácter con sus actitudes, instrumentó y expidió la "Ley sobre Administración de Justicia y Orgánica de los Tribunales de la Nación". Obligatoria para todo el territorio mexicano y de tajo circunscribía los privilegios militares y eclesiásticos suprimiendo los "Tribunales Especiales". Iniciándose con esta Ley las bases para la separación política y económica entre "La iglesia y el Estado", cuya promulgación, hurgó en las convicciones de algunos liberales temblándoles la piel, y el Presidente Ignacio Comonfort, tratara de conciliar los intereses entre conservadores y liberales, (coloquialmente trató de juntar a las gallinas con las águilas); lo que aprovecharon los críticos conservadores que apoyaban a la iglesia católica, manipulando la prensa para localizar la complicidad de aquellos liberales.

Nuevamente en 1855, apresan a Don Benito Juárez, aun a pesar de haber sido Ministro de Gobernación y Presidente de la Suprema Corte de Justicia. (Aquí, podemos pensar que las relaciones de Don Benito se ponían a prueba).

Esto provocó una guerra ideológica y militar, el gobierno se corrompió y Comonfort se humilló ante Don Benito Juárez, le pidió ayuda, y Don Benito se dirigió al Estado de Guanajuato, cuna de la independencia, donde Manuel Doblado era Gobernador, y cuando llegó, la sorpresa fue mayúscula; sus relaciones habían sido bien sembradas, porque Manuel Doblado ya había desconocido como presidente a Comonfort y tenía proclamado a Don Benito Juárez García como Presidente de la República.

A partir de este suceso, continuó creciendo en su carácter, actitudes y relaciones: promulgando leyes progresistas que dieron base e influencia para la Constitución de 1857. Sería muy demostrativo narrar todas las veces que este LÍDER encabezó los "sueños" de libertad económica y cultural de sus seguidores. Como líder de la República, desde 1858 las circunstancias lo empujaron a echarse sobre su espalda a sus seguidores y peregrinar por el territorio nacional.

La primera ruta fue en un "carruaje" tirado por caballos (no disponía de aviones o coches de motor) hacia Guadalajara, Colima y Manzanillo, se embarcó y cruzó el canal de Panamá, tocando La Habana con destino nuevamente a Nueva Orleans, donde la prensa lo abordó incesantemente.

Regresó por Veracruz donde lo esperaban su esposa e hijos, junto con una muchedumbre que lo aclamaba, pero él ni se inmutaba, seguía promoviendo su carácter y actitudes para afianzar sus relaciones, dando conferencias haciendo reuniones y entrenando constantemente a diferentes grupos para enfrentar las acometidas del clero católico y las élites afectadas por la libertad emancipadora que aquel líder infundía.

Hasta que logró la victoria, después de peregrinar por todo el país, salvaguardándose como Presidente constitucional contra sus críticos conservadores, y derrotar la invasión francesa aquel glorioso 5 de mayo de 1862, apoyado por los indios "Zacapoaxtla", ridiculizando al ejército más poderoso de aquellos años.

Ni esa gesta heroica fue suficiente para frenar a Don Benito Él sabía que si se paraba perjudicaría a su causa, y no se equivocó. El Vaticano, los gobiernos ingleses, franceses y españoles, le decretaron un "Embargo" espiritual, económico y militar al liderazgo de Don Benito Juárez, lo cual mermó sus posibilidades defensivas y retomó su peregrinar dirigiéndose a Dolores Hidalgo, Guanajuato, donde un hombre anciano pretendió inclinarse ante aquel líder. Pero éste lo detuvo diciéndole: "Soy yo quien debo de inclinarme a usted" y le preguntó que "cómo vio a Don Miguel Hidalgo," el anciano contestó: "era un hombre extraordinario", y Juárez le repuso más o menos así: "Ahora los mexicanos nos caracterizamos con nuestras actitudes, relacionándonos con sus ideales".

Y continuó viajando en su carruaje llegó a San Luis Potosí, luego Monterrey, Saltillo y Chihuahua donde estableció su liderazgo, quizás pensando estar cerca de otro gran líder Abraham Lincoln, quien muy poco o nada podía hacer para ayudarle; porque en ese tiempo estaba en medio de la Guerra de Secesión entre el norte y el sur de los Estados Unidos.

El 21 de marzo de 1865, le organizaron una fiesta de cumpleaños. Juárez al enterarse, trató de cancelarla pero la euforia que aquel líder excitaba era irresistible. Entonces Don Benito ordenó que ningún centavo del erario público del gobierno se gaste y que la reunión (como de unas 800 personas) sea aprovechada para re-adiestrar espiritualmente a todos los desfallecidos liberales que impulsaron en un principio su liderazgo. Pero la guerra se prolongó y el itinerario del peregrinaje de Juárez siguió nuevamente por muchas ciudades de la nación mexicana. Sin embargo, los invasores europeos tomaron la ciudad de México.

Y cuando las fuerzas aliadas francesas, inglesas, españolas y las clericales del Vaticano, habían ya instalado a Maximiliano de Hamburgo como "Emperador" y suponían aniquilados a los seguidores de Don Benito Juárez. El mérito 5 de mayo de 1867, en San Luis Potosí, ante una multitud de hombres, mujeres, jóvenes y niños, se proclamó la VICTORIA, con el carácter y la actitud del líder Don Benito Juárez García, y un caudal enorme de muchísimas relaciones entre líderes entrenados y hechos en el fragor de las batallas dentro de su organización republicana. En aquel memorable acto, Don Benito expuso en su discurso esencialmente lo siguiente:

"Pueblo de México, amados conciudadanos, el baño de sangre por el que ha pasado la República, no podrá ser olvidado jamás, la sangre de vuestros hijos, la sangre de vuestros esposos, la sangre de vuestros padres, no fue derramada inútilmente, porque al (caracterizarse) afianzarse la República, se afianza la libertad (actitudes) y la soberanía nacional. Y el concierto de (relaciones) todas las naciones admirarán a este pueblo, hoy y por los siglos hasta siempre jamás. Recordad esto, no podemos flaquear, tenemos que seguir adelante porque nuestra recompensa será la gloria eterna y el respeto de todos los pueblos y naciones que sabrán que México no es lugar donde buscar aventura ni arrostrar batalla para someter a un pueblo a la esclavitud.

En este momento os digo, mexicanos, la libertad es una realidad, la libertad es un ejemplo para todas las naciones y los pueblos y orgulloso estoy de ser el Presidente (líder) de tantos (líderes) mexicanos combatientes y que nuestra nación realmente es hoy madura, hoy respetada, hoy temida, hoy bravía, hoy fuerte, y esta fecha sólo es el inicio, el comienzo de una grandeza que nunca acabará, (porque producirá siempre: líderes bienhechores). Malo sería dejarnos desarmar por una fuerza superior; pero sería pésimo desarmar a nuestros hijos, privándolos de un buen derecho, que más valientes, más patriotas y más sufridos, lo harían valer y sabrían reivindicarlo algún día."

Finalmente la organización republicana fue restaurada y su LÍDER liberal fue renovado en varias elecciones constitucionales, y, durante el desarrollo de sus mandatos, fueron muchas las frases célebres:

"Nada de contemporizaciones con los hombres viciados y los que se han acostumbrado a hacer su voluntad como moros sin señor."

"Los hombres no son nada, los principios lo son todo."

"No se puede gobernar a base de impulsos de una voluntad caprichosa, sino con sujeción a las leyes."

"No se pueden improvisar fortunas, ni entregarse al ocio y a la disipación, sino consagrarse asiduamente al trabajo, disponiéndose a vivir en la honrada medianía."

(Hasta aquí el ejemplo de un líder que nunca se rindió, que nunca se acostó a "dormir en sus laureles", creyendo que ya había hecho suficiente).

5

Resumen

El crecimiento personal no es una opción para un líder. La Biblia nos dice que nunca se nos será dado más de lo que podamos manejar. Por lo tanto, si queremos más, tenemos que desarrollar la capacidad de manejar más.

"Desarrollo Trilateral" es una herramienta que podemos utilizar para medir la efectividad de nuestro liderazgo. Es decir, "Desarrollo Trilateral" pretende ser un método sencillo de autoanálisis. Mide la efectividad de nuestros resultados mientras avanzamos hacia cualquier meta.

A continuación, trataremos pues, que cada quien, cada líder o cada persona, tenga la oportunidad de echarse una mirada a sí mismo, para que por sí mismos se hagan una autocrítica, identificando y reconociendo conscientemente sus potencialidades y limitaciones:

Autoanálisis # 1

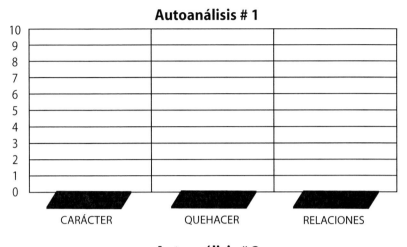

Autoanálisis # 2

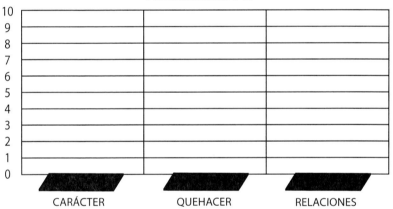

Autoanálisis # 3

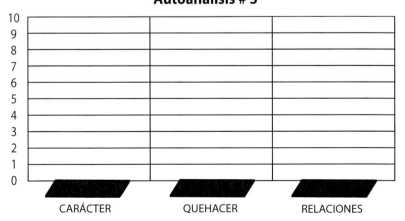

EPÍLOGO

Desarrollo Trilateral tiene una gran enseñanza. Este libro desde su comienzo hasta el final te educa y te permite que apliques una fórmula para medir la calidad de tu liderazgo. Si aprovechas esto como lector y aplicas en tu vida lo que se te recomienda en este libro, obtendrás exactamente lo que el libro tiene como propósito lograr: medir la calidad de tu liderazgo.

Me permito decir que éste es un libro diferente y único. ¿Cuál es la diferencia? Que está dedicado a todos nosotros que desarrollamos el liderazgo como actividad. Por consiguiente, se puede dar una aplicación específica a cada enseñanza. Por ejemplo, en la presentación se nos dice que "el crecimiento personal de un individuo sólo puede darse si éste conoce y se da cuenta de lo que le falta por crecer, además de descubrir los detonantes básicos para influir enseñando a los demás."

Es de suma importancia que tengas la humildad y nobleza de seguir el consejo o recomendaciones que se te den.

Si nos proponemos, será muy fácil descubrir las áreas en las que a UNO le hace falta crecer. Cuando se nos pide una evaluación de nuestra actividad en el negocio; al presentar nuestro informe quedamos al descubierto ante quien nos escucha. Es decir, para el oyente es muy fácil darse cuenta en que áreas nosotros no hemos crecido. Por esta razón, es de suma importancia que tengas la humildad y nobleza de seguir el consejo o recomendaciones que se te den; ya sea de leer algún libro o de asistir a ciertos eventos.

Es increíble que haya personas que tienen mucho tiempo en el negocio y no se dan cuenta que la razón por la cual no tienen los resultados que desean es por su falta de crecimiento personal. Es decir, hay áreas en su vida que les hace falta crecer. Son tal vez, cosas sencillas pero esenciales como lo es: planificar o proyectar con el grupo que está trabajando, poner metas etc. De no hacerlo la gente se siente confundida y desorganizada. Por ejemplo, un pastor que no sabe guiar a las ovejas a los buenos pastos, o al estanque de agua.

Otras personas trabajan rigurosamente hasta que se cansan y lamentablemente abandonan el negocio; y el líder se pregunta: "¿Qué estoy haciendo mal?" Es por eso que me permito decirte que si TÚ estás en esta situación y si aún no sabes que estás haciendo mal, te suplico, busca asesoría con tu mentor y sé humilde para seguir lo que él te indique hacer.

Hay personas que levantan grupos al 12%, 15%, 18%, y se derrumba su pirámide. Si esto te ha pasado 2-4 veces, busca ayuda, pero cuando te den el consejo, ¡síguelo! Pues, una persona o líder que se le desintegran los grupos, algo le falta o en algo tiene que crecer. Sin embargo, muchas veces ni él mismo se da cuenta en qué. Se necesita tener la actitud de decir: yo no sé nada. Tú dime qué

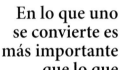

En lo que uno se convierte es más importante que lo que uno logra materialmente.

crees, qué tengo que cambiar; en dónde tengo que crecer. Es importante que tengas la actitud de aplicar las instrucciones que se te recomiendan.

Por otro lado, otras cosas que podemos aprender de este sustancioso libro es "en lo que uno se convierte es más importante que lo que uno logra materialmente". Déjame decirte que esto último es verdad.

En los años que tengo en este negocio he visto dos tipos de líderes. Primero, tenemos al líder que le da más importancia al pin (Platino, Zafiro, Esmeralda, o Diamante) o al dinero, y no se preocupa por su crecimiento personal. Otro, es aquel líder que le da más importancia a su crecimiento personal, y no tanto al pin. Básicamente, el primero logra ganar dinero, pero se vuelve un dictador al no tener un crecimiento personal, y pierde a la gente. Y el otro, sin embargo también gana dinero, pero también se gana la confianza de la gente debido a su desarrollo personal, y su evolución en interesarse en los demás le permite tener buenas relaciones.

~~~~~~~~~

El líder que se preocupa por crecer para ser mejor en aquello que no es, eventualmente gana más que aquel líder que sólo se enfoca en el dinero.

~~~~~~~~~

En otras palabras, el líder que se preocupa por crecer para ser mejor en aquello que no es, eventualmente gana más que aquel líder que sólo se enfoca en el dinero. Estoy totalmente de acuerdo que en lo que uno se convierte es más importante que lo que uno logra materialmente.

Hay quienes se asocian en este negocio con muy poca disciplina. Es decir, tienen el mal hábito de no terminar lo que comienzan. Si uno entra a este negocio con carencia de disciplina entonces hay que darse cuenta de ello para crecer en esta área. De lo contrario, si no mejoramos nuestros hábitos no creceremos dentro del negocio.

Por ejemplo, la disciplina dentro del negocio es el contactar. Contacto que hago, contacto que le llamo al día siguiente para proyectar una cita, especialmente si eso prometí al contactar a la persona. Otro ejemplo, es que cuando uno muestra el plan hay que tener la disciplina de regresar a dar el seguimiento en el tiempo que es correcto, de 24 a 48 horas. De no tener la disciplina para hacer estas cosas, el negocio nunca aumentará de nivel.

Y la pregunta que muchos se hacen constantemente es ¿Por qué no me está funcionando el negocio? Lo que no se dan cuenta es que no tienen disciplina para terminar lo que comenzaron en el momento en que contactaron a esa persona. No tienen disciplina para cerrar el ciclo (Lista, Contacto, Plan y Seguimiento).

Si habláramos de carácter, la perseverancia es una cualidad que si no se la tiene, se debe desarrollar lo más pronto posible. Pues nada se puede lograr en la vida sin ser perseverante. Muchos desisten en el negocio muy pronto. Su falta de perseverancia les impide llegar a tener éxito.

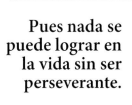

Pues nada se puede lograr en la vida sin ser perseverante.

Dentro del negocio hay cosas esenciales como el invitar a la gente a un seminario. Algunos socios invierten en 5 ó 10 boletos, como lo haría todo empresario en su negocio, y en ese primer intento sufren una pérdida de 2 a 3 boletos al no lograr llevar el número que se propusieron. Y por esa experiencia de un supuesto fracaso, al próximo mes ya no invierten en boletos extras para no correr el riesgo de volver a tener una pérdida.

Por otro lado, tenemos al líder que ha desarrollado la cualidad de ser persistente, y aunque también sufre las mismas perdidas, al próximo mes vuelve a invertir en los mismos boletos, y sigue así persistiendo hasta que obtiene los resultados deseados:

- El traer 5 a 10 invitados al Seminario, y
- lograr duplicarse en otras personas dentro de su equipo.

Cualquiera que tenga perseverancia en estas cosas logrará alcanzar el éxito que él desea:
- En hacer un listado y llamadas hasta lograr programar citas para dar el plan

- En dar mínimo 30 planes al mes
- En dar el seguimiento en 24-48 horas
- En invertir en boletos para llevar gente al Seminario y Convención

La perseverancia en llevar acabo estas cuatro cosas te llevará a alcanzar el éxito. "El éxito consiste en una serie de pequeñas victorias diarias" según Ladie F. Hutar. Asimismo, "Muchos de los fracasados de la vida son aquellas personas que no se dieron cuenta qué tan cerca estaban del éxito cuando se rindieron," nos señala Thomas Edison.

> **El éxito consiste en una serie de pequeñas victorias diarias.**
> *Ladie F. Hutar*

Aunque algunas cualidades dentro del carácter ayudan a desarrollar el negocio, también es cierto que otras son necesarias para desarrollar al individuo y mantenerlo equilibrado, como lo son: la honestidad, la integridad, la fidelidad y la dignidad.

Si desarrollamos algunas de estas cualidades y las aplicamos en el negocio descubriremos su gran aportación y valor. En el negocio he visto a mucha gente que fracasa porque descuidó una o todas estas cualidades, ya sea porque pidió dinero prestado y no lo pagó, se le prestaron productos o materiales del negocio y nunca los devolvió, o hasta el llegar a vivir en la casa del socio (downline). Algunas veces los ves manejando el carro del 'downline', otras, usando su tarjeta de crédito.

Lo peor es que después de cometer el error ni siquiera tienen la dignidad de hablar directamente con la persona que confió en ellos al haberles prestado dinero, materiales o productos. Claro, me estoy refiriendo a 'uplines' que le pidieron al 'downline'. No a 'downlines' que le pidieron al 'upline', aunque sería el mismo error garrafal. Cuando se conserva la dignidad uno es capaz de ir y decir: "Yo sé que te debo, dame un poco más de tiempo," o simplemente, "No creas que se me ha olvidado, estoy buscando como pagarte." Pero hay ciertas personas ni eso son capaces de hacer, debido a que no tienen la dignidad de proteger su reputación ante aquella persona que confió en ellos.

Por eso es importante construir con disciplina y perseverancia y nunca desestimar el valor que posee la integridad, la honestidad, la dignidad y la fidelidad. Por ende, quiero decirte que es necesario que sigamos las recomendaciones que Juan G. Ruelas nos da en **Desarrollo Trilateral**, ya que el crecer balanceadamente y gradualmente en el "Carácter", el "Quehacer" y la "Relación" nos dará las herramientas que debemos poseer para lograr el éxito en nuestro negocio.

Ramón y Rosy Hinojos

REFERENCIAS

1. Chris Brady & Orrin Woodward. *Launching A Leadership Revolution.* Obstacles Press Inc. 2006. Pg. 103.

EDITORIAL RENUEVO
4630 W. Jacquelyn Avenue
Fresno, CA 93722

segunda edición - 300 copias - 03/2010
tercera impresión - 1500 copias - 07/2010
cuarta impresión - 1500 copias - 07/2011

Esta edición fue impresa en los
Estados Unidos de América
en los talleres de

DUMONT PRINTING
1333 G Street
Fresno, CA 93706